Inhalt

Hoffen auf den Rettungsring - die Länder Osteuropas schnappen nach Atemluft

Kernthesen

Beitrag

Fallbeispiele

Weiterführende Literatur

Impressum

Hoffen auf den Rettungsring - die Länder Osteuropas schnappen nach Atemluft

R.Reuter

Kernthesen

- Die hohe Staatsverschuldung vieler osteuropäischer Länder nimmt den Regierungen die Möglichkeit, Konjunkturpakete aufzulegen.
- Länder wie Ungarn oder Rumänien haben es derzeit darum besonders schwer und stehen zeitweilig ganz nah am Abgrund womit der Staatsbankrott gemeint ist.

- Ein umfassendes Rettungspaket für alle Länder Osteuropas hat die EU abgelehnt, will den betroffenen Staaten aber je nach Lage der Dinge helfen und zur Seite stehen.

Beitrag

Länder wie Polen, Tschechien und die Slowakei haben in den vergangenen Jahren eine maßvolle Ausgabenpolitik betrieben und halten sich auch deshalb in der aktuellen Krise sehr respektabel. Nur wer in den guten Jahren nicht vorgesorgt hat, muss jetzt um Kredite betteln.

Osteuropa in der Krise

Die Finanz- und Wirtschaftskrise hat die osteuropäischen Länder besonders fest in die Zange genommen. Dies liegt insbesondere daran, dass diese Länder in den vergangenen Jahren zwar häufig ein starkes Wirtschaftswachstum verzeichnen konnten, sie dabei die Haushaltskonsolidierung aber eher stiefmütterlich behandelten. Für ausgedehnte Konjunkturmaßnahmen, wie sie die westeuropäischen Länder beschlossen haben, fehlt vielen Osteuropäern darum schlichtweg das Geld. Es vergeht daher kaum ein Tag ohne neue

Hiobsbotschaften: Nur die Kredite des Internationale Währungsfonds (IWF) bewahren manches Land noch vor dem Staatsbankrott.

Dennoch ist es falsch, alle osteuropäischen Länder in einen Topf zu werfen. Bei genauem Hinsehen zeigt sich, dass sich jedes Land in einer ganz spezifischen Situation befindet, die sich mit der Lage der übrigen Länder oft nicht vergleichen lässt. (1)

Nicht allen geht es schlecht

Am besten stehen derzeit die Tschechische Republik, die Slowakei, Slowenien und Polen da. Die vier Länder haben in der Vergangenheit eine solide Haushaltspolitik betrieben, was ihnen in der aktuellen Krise ein festes Fundament verschafft. Die Haushaltslage ermöglicht es ihnen, Konjunkturprogramme aufzulegen. Experten gehen daher davon aus, dass diese Länder die Wirtschafts- und Finanzkrise mit am schnellsten in den Griff bekommen werden.

Ein spezifisches Problem Tschechiens und der Slowakei ist die starke Exportorientierung nach Westeuropa. Da auch dieser Teil des alten Kontinents stark unter der Rezession leidet, verzeichnen beide

Länder deutliche Einbrüche bei den Ausfuhren. Die Slowakei hat sich zudem in den vergangenen zwei Jahrzehnten zu einer verlängerten Werkbank für westliche Automobilkonzerne entwickelt. Diese leiden derzeit bekanntlich unter großen Absatzproblemen, die die Slowakei nun genauso treffen, obwohl das Land keinen eigenen Automobilhersteller hat. (1)

Tristesse in Südosteuropa

Weit schwerer fällt dem hoch verschuldeten Griechenland, Rumänien, Bulgarien und Ex-Jugoslawien die Bewältigung der Krise. Die Verschuldung auch Rumäniens ist so hoch, dass das Land schon in den nächsten Wochen einen Milliardenkredit des Währungsfonds in Anspruch nehmen könnte. EU-Währungskommissar Joaquin Almunia hatte angekündigt, dass die Europäische Union den Gang eines Euro-Landes zum IWF vermeiden und stattdessen eine EU-interne Lösung finden wolle.

Da Rumänien zwar EU-Mitglied ist, nicht aber mit dem Euro bezahlt, könnte es der erste Kandidat für eine solche Rettungsaktion vor dem Staatsbankrott werden. Augenscheinlich schafft es das Land nicht mehr, die Defizite in der Leistungsbilanz und im

Staatshaushalt aus eigener Kraft auszugleichen. Nach Aussage von Finanzminister Gheorge Pogea wird das Land bald schon einen Auslandskredit aufnehmen. Im Gespräch ist eine Summe in Höhe von fünf bis sechs Milliarden Euro. (1), (9)

Baltikum zeichnet uneinheitliches Bild

Während sich Estland in der Krise vergleichsweise gut behauptet, ist die Lage in Lettland besonders prekär. Noch 2007 glänzte das Land mit einem Wirtschaftswachstum in Höhe von zwölf Prozent, womit Lettland zum europäischen Spitzenreiter aufstieg. Für 2009 rechnet die Regierung mit einem Rückgang um zehn Prozent und hat darum einen strikten Sparkurs eingeschlagen. Der allerdings kommt reichlich spät: Riga hat die Staatsverschuldung in den vergangenen Jahren so stark anschwellen lassen, dass unlängst ein Hilfspaket des IWF in Höhe von 3,1 Milliarden Euro nötig wurde. Ähnlich schwierig ist die Lage in Litauen, wo die Bevölkerung ebenfalls seit Wochen gegen den Sparkurs demonstriert. Alle drei Staaten des Baltikums sind von den Wirtschaftszahlen, die ihnen die anerkennende Bezeichnung als kleine Tiger eingebracht hat, derzeit weit entfernt. (1), (2)

Ukraine bleibt Sorgenkind

Ganz fatal wirkt es sich in der jetzigen Lage aus, wenn ein Land nicht zur EU gehört. Dies gilt für die Ukraine, die von den osteuropäischen Staaten am schlechtesten dasteht. Die Stahl- und Kohleproduktion ist zusammengebrochen, die Politik streitet mit dem IWF über die Zahlung einer Hilfstranche. Die Ratingagentur Standard & Poors hat die Kreditwürdigkeit der Ukraine noch einmal herabgestuft, was ihr mit der Note CCC+ die schlechteste Bewertung in ganz Europa eingebracht hat. Die Bonität des Landes steht nun auf einer Stufe mit Pakistan, die Kreditaufnahme ist hierdurch deutlich erschwert. (1), (9)

Ungarn schnürt Krisenpaket

Besonders stark betroffen ist auch Ungarn. Die Magyaren drücken hohe Schulden, die Folgen versäumter Reformen und die Abhängigkeit von westlichen Märkten. Schon im Oktober des vergangenen Jahres benötigte das Land die Hilfe des IWF, der EU und der Europäischen Zentralbank, die einen Kredit in Höhe von 20 Milliarden Euro zur Verfügung stellten. Ungarns Staatsverschuldung beträgt nun 62 Prozent des Bruttoinlandsprodukts und erreicht damit den höchsten Wert in der ganzen Region. Dass es um Ungarn derzeit so schlecht steht, hat darum zweifellos in erster Linie die Politik der vergangenen Jahre zu verantworten. (1), (2)

EU lehnt Osteuropa-Fonds ab

Die Forderung Ungarns nach einem von der EU finanzierten Hilfsfonds für ganz Osteuropa ist daher verständlicherweise auf wenig Gegenliebe gestoßen. Auch das vom ungarischen Regierungschef Ferenc Gyurcsany entworfene Szenario, zwischen West- und Osteuropa könne ein neuer eiserner Vorhang heruntergehen, fand keine Beachtung. Selbst im Kreis der Länder, für die Gyurcsany zu sprechen glaubte, fand seine Forderung fast keine Unterstützung. Dies liegt insbesondere daran, dass erfolgreichere Länder wie Tschechien, die Slowakei und Polen, gar nicht mit dem maroden Ungarn in einen Topf geworfen werden wollen. 190 Milliarden Euro sollte der Fonds nach der Vorstellung des ungarischen Ministerpräsidenten zur Verfügung stellen, doch die EU sagte ab. Trotzdem sollen in Not geratene Staaten nicht im Stich gelassen werden; die Hilfsmaßnahmen würden aber fallweise beschlossen und nicht großflächig mit der Gießkanne verteilt. (3), (4)

Währungen geben nach

Auf die Absage der EU sind die wichtigsten osteuropäischen Währungen deutlich nach unten gegangen. Somit hat der ungarische Forint seit Jahresbeginn rund 25 Prozent seines Wertes verloren. Einen ähnlichen Verfall erleben der polnische Zloty und die tschechische Krone. Unter massivem Abwertungsdruck steht der rumänische Lei. (5)

Hilfe für Osteuropas Banken

Obgleich der Hilfsfonds für die osteuropäischen Volkswirtschaften nicht zustande gekommen ist, erhalten die Länder auch jetzt schon umfangreiche Unterstützung. Hierzu zählt insbesondere ein Paket in Höhe von 24,5 Milliarden Euro, das den ins Schlingern geratenen Banken Osteuropas über das Gröbste hinweghelfen soll. Kreditgeber sind die Europäische Bank für Wiederaufbau und Entwicklung (Osteuropabank) in London, die Europäische Investitionsbank (EIB) in Luxemburg und die Weltbank. Die Banken Mittel- und Osteuropas sind von der Finanzkrise besonders stark betroffen. (7)

Deutschen Banken droht Ungemach

Banken, die sich besonders stark in Osteuropa engagieren, droht infolge der wirtschaftlichen Schieflage dieser Länder Ungemach. So hat die Ratingagentur Moodys die Herabstufung von Banken angekündigt, für die das Osteuropageschäft eine tragende Säule ihrer Geschäftstätigkeit darstellt. Bei deutschen Geldinstituten geht seitdem die Angst um, da sie sich zwar erst spät, dann aber mit Verve auf den neuen Markt gestürzt haben. Insbesondere bei Firmenkrediten spielen deutschen Banken in Osteuropa mittlerweile eine wichtige Rolle, während sie im Privatkundengeschäft nach wie vor unterrepräsentiert sind. Stark engagiert sind die Commerzbank und die BayernLB, die in Ungarn zum drittgrößten Kreditinstitut aufgerückt ist. (6)

Fallbeispiele

Talfahrt geht weiter

Der Internationale Währungsfonds will nach der Ukraine nun auch Lettland den Rettungsring entziehen. Wenn Lettland seinen Haushalt überschuldet wie bisher, will der IWF die Überweisung der nächsten Kredittranche stornieren. Valdis Dombrovskis, neu ernannter Premier Lettlands, muss nun rund eine Milliarde Euro an Ausgaben einsparen. Das wird riskant, aber die Alternative dazu ist der Staatsbankrott, so sein Kommentar. (8)

Weiterführende Literatur

(1) Ein heterogenes Gebilde
aus Handelsblatt Nr. 043 vom 03.03.09 Seite 10

(2) Europas Sorgenkinder
aus Süddeutsche Zeitung, 02.03.2009, Ausgabe Deutschland, Bayern, München, S. 7

(3) EU lehnt Sonderfonds für Osteuropa ab
aus Neue Zürcher Zeitung 02.03.2009, Nr. 50, S. 11

(4) Ungarn scheitert mit dem Vorschlag einer Osthilfe

aus Frankfurter Allgemeine Zeitung, 02.03.2009, Nr. 51, S. 1

(5) Ost-Währungen verlieren nach Nein der EU
aus Handelsblatt Nr. 043 vom 03.03.09 Seite 6

(6) Zeit für Retter
aus WirtschaftsWoche NR. 010 VOM 02.03.2009 SEITE 062

(7) 25 Milliarden Euro für osteuropäische Banken
aus Frankfurter Allgemeine Zeitung, 28.02.2009, Nr. 50, S. 11

(8) Und wieder ein Monat zum Vergessen in Osteuropa Drohung: Nach Kiew will der IWF auch Riga den zugesagten Milliarden-Notkredit entziehen
aus WirtschaftsBlatt, 02.03.2009, Nr. 3310, S. 16

(9) Osteuropabank stemmt sich gegen Staatenkrise
aus Handelsblatt Nr. 040 vom 26.02.09 Seite 6

(10) Tschechische Pkw auf dem Vormarsch
Autoindustrie: Autohersteller in Tschechien verzeichnen gute Nachfrage
aus WirtschaftsBlatt, 03.03.2009, Nr. 3311, S. 10

Impressum

Hoffen auf den Rettungsring - die Länder Osteuropas schnappen nach Atemluft

Bibliografische Information der deutschen Nationalbibliothek

Die Deutsche Nationalbibliothek verzeichnet diese Publikation in der deutschen Nationalbibliografie; detaillierte bibliografische Daten sind im Internet über http://dnb.d-nb.de abrufbar.

ISBN: 978-3-7379-1650-9

© 2015 GBI-Genios Deutsche Wirtschaftsdatenbank GmbH, Freischützstraße 96, 81927 München, www.genios.de

Alle Rechte vorbehalten. Dieses Werk ist einschließlich aller seiner Teile – z.B. Texte, Tabellen und Grafiken - urheberrechtlich geschützt. Jede Verwertung außerhalb der Grenzen des Urheberrechtsgesetzes bedarf der vorherigen Zustimmung des Verlags. Dies gilt insbesondere auch für auszugsweise Nachdrucke, fotomechanische

Vervielfältigungen (Fotokopie/Mikroskopie), Übersetzungen, Auswertungen durch Datenbanken oder ähnliche Einrichtungen und die Einspeicherung und Verarbeitung in elektronischen Systemen.